# DES

# DESTITUTIONS.

# DES

# DESTITUTIONS.

PARIS,
CHEZ LES LIBRAIRES DU PALAIS-ROYAL.

1822.

# DESTITUTIONS.

———————

Dans un Gouvernement constitutionel, où toutes les parties de l'administration sont régies par des lois, les ministres peuvent-ils, de leur propre mouvement, prononcer la destitution d'un individu revêtu d'une fonction privée? peuvent-ils, sans jugement préalable, destituer un officier de l'armée?

En supposant que ce droit appartînt aux ministres, doivent-ils en user?

Ce sont ces questions que je me propose d'examiner avec franchise et bonne foi.

———————

# DES FONCTIONS PRIVÉES (1).

Les tribunaux ont été institués pour que justice soit rendue.

Mais de temps immémorial, il a été reconnu que, si tous les citoyens avaient droit de s'adresser au juge pour obtenir cette justice, tous ne possédaient pas les connaissances nécessaires des lois et des formes, en vertu desquelles et par lesquelles on devait agir.

Il a donc fallu que, dans l'intérêt de tous, il y eût des officiers spécialement destinés à représenter les parties devant les tribunaux.

___

(1) Cette discussion de droit était beaucoup plus étendue ; mais deux consultations faites sur ce sujet par les membres les plus distingués du barreau de Paris, m'ont déterminé à supprimer la plus grande partie de mon travail.

De notre temps, ces officiers sont les avoués, institués définitivement par la loi du 27 ventose an 8 ; à eux seuls appartient le droit de postuler, et de prendre des conclusions dans le tribunal pour lequel ils sont établis.

L'art. 95 du titre 7 de cette loi porte, que les avoués sont nommés par le premier consul, sur la présentation du tribunal dans lequel ils devront exercer leur ministère.

Cette loi n'a point été abrogée ; ainsi, le chef de l'état ne peut nommer directement un avoué ; il faut que la présentation du candidat lui soit faite par le tribunal près duquel il doit exercer.

L'institution une fois donnée, le chef de l'état ne peut la retirer ; par la même raison qu'il ne peut nommer seul et sans présentation, la nomination faite ne peut être révoquée de propre mouvement.

Il ne suit cependant pas de là qu'un avoué ne soit soumis à aucune peine. Si la loi le protége et le met à l'abri d'une mesure arbitraire, elle lui inflige aussi des peines, suivant la gravité des cas, lorsqu'il contrevient aux lois et réglemens.

Les décrets des 13 frimaire an 9 et 30 mars 1808, contiennent à cet égard plusieurs dispositions.

Les fautes de discipline commises à l'audience, sont jugées par la chambre. Les mesures à prendre sur la plainte des particuliers, ou sur le réquisitoire du ministère public, ne peuvent être arrêtées qu'en assemblée générale, en la chambre du conseil, après avoir entendu l'inculpé. Le procureur-général transmet le tout au ministre de la justice, pour qu'il soit statué sur les réclamations, ou que la destitution soit prononcée s'il y a lieu.

On voit ici qu'il faut que le tribunal ait entendu les réclamations, avant de rendre sa décision; que ce n'est qu'après toutes ces formalités que la destitution peut être prononcée s'il

y a lieu. Ce qui repousse l'idée qu'une destitution puisse être prononcée par la seule volonté du ministre.

Il n'était pas dans les lois créatrices des fonctions d'avoué, ni dans les décrets qui les ont
suivies, qu'un individu revêtu de ces fonctions
puisse être dépouillé de son titre, par la seule
volonté du ministre; aussi ne l'avait-on jamais vu.

La loi d'avril 1816 est venue corroborer et
même donner plus de force aux lois antérieures.

Au moyen d'un supplément de cautionnement, que dans des momens difficiles le gouvernement a demandé aux officiers ministériels, la
loi a voulu qu'ils puissent présenter à l'agrément
de S. M. des successeurs, pourvu qu'ils réunis-
sent les qualités exigées par les lois; elle ajoute
que cette faculté n'aura pas lieu pour les titulaires destitués.

Cette dernière disposition, sainement entendue, veut dire que l'on ne pourrait présenter comme successeurs des titulaires qui auraient été destitués. Dans tous les cas, elle ne donnerait pas le pouvoir de destituer par une simple ordonnance, et sans le concours des tribunaux.

Ainsi d'une part, les officiers ministériels sont propriétaires de leurs charges, au moyen du cautionnement qu'ils ont payé, et de l'autre, ils ont droit de présenter leurs successeurs à la nomination du souverain.

Ces dispositions seraient illusoires, s'il dépendait d'un ministre de prononcer une destitution de son propre mouvement. Il résulterait d'une telle interprétation que la loi qui a imposé des charges à ces officiers, loin de leur donner plus de garantie, leur aurait ôté le droit qu'ils avaient par les anciennes lois, de présenter leur défense et d'être jugés, et les laisserait à la merci d'un pouvoir ministériel.

Mais rien de tout cela ne se trouve dans la loi de 1816 ; et le ministre n'a, dans aucun cas, le droit de révoquer, de sa pleine volonté, une nomination.

Il est bon de faire ici une observation. Lorsque les avoués ont été créés, les charges ne se sont pas vendues ; il ne pouvait y avoir de vénalité. Cependant la loi de création donnait l'institution à vie. Le pouvoir qui conférait la nomination ne pouvait la retirer. Il y avait, comme il y a encore aujourd'hui, des formes à observer pour la peine à infliger au titulaire qui aurait enfreint les lois et réglemens.

Maintenant les charges se vendent, elles ont un prix d'autant plus élevé que la loi de 1816 en a donné la propriété ; car permettre de présenter son successeur est donner la propriété. Or, si la loi permet de vendre, elle permet d'acheter. Si l'on achète avec la permission de la loi, on ne peut donc être dépouillé par elle, autrement la loi serait injuste, et loin de protéger les citoyens ; elle exercerait envers eux une spoliation.

Le titulaire d'une office d'avoué est propriétaire de sa charge, comme on est propriétaire d'un héritage. L'art. 9 de la Charte dit que toutes les propriétés sont inviolables. On ne peut donc pas plus ôter une charge, que l'on ne peut prendre une maison, un champ.

Dans le système que l'on voudrait suivre, un meurtrier serait placé dans une position plus favorable qu'un fonctionnaire qui aurait encouru la destitution. Les biens du criminel passent à ses héritiers, et la femme, les enfans du fonctionnaire seront dépouillés, souvent pour une faute légère de leur époux, de leur père !

Les fautes sont personnelles d'après nos lois ; la peine du père ne doit pas rejaillir sur les enfans. Cependant quel est ce droit qu'on voudrait introduire parmi nous ? Faire expier aux enfans la faute de leur père !

Un jeune homme achète une étude, il se marie, il employe la dot de sa femme à payer son titre, et on le destituera par une simple ordonnance !

Ou bien ce jeune homme emprunte d'un tiers qui trouve sa sûreté dans le titre, et on lui ravira ce titre! Mais si nos lois donnaient de tels pouvoirs, il faudrait se hâter d'en faire d'autres.

La Charte a aboli la confiscation. Cependant en destituant un avoué, on exerce à son égard une véritable confiscation. Ce n'est pas, si l'on veut une confiscation entière, parce que le fisc n'en profite pas; mais vis-à-vis de l'individu la confiscation est dans toute sa plénitude. Nous avons vu, dans des temps d'orages, la confiscation à l'ordre du jour, on la prononçait sur le plus léger prétexte; mais nous ne la connaissions plus. En vertu de quel droit la ferait-on revivre?

La confiscation n'a jamais été que l'apanage des Gouvernemens despotiques. Elle fut inconnue chez les Romains dans l'âge d'or de la république, comme le dit Cicéron dans son oraison *pro domo sua*.

Ce fut sous la tyraunie de Sylla que l'on fit

la loi *Cornelia, de proscript.*, qui déclarait les biens confisqués, et privait les enfans de toute dignité.

Trajan a remis la peine de la confiscation, aussi Pline a-t-il dit de lui : « *Quæ pæcipua* » *tua gloria est, sæpius, vincitur fiscus, cujus* » *mala causa nusquam est nisi sub bono prin-* » *cipe.* »

En France, nous en devons l'établissement à Dagobert I, (en 630). Depuis ce temps, elle s'est traînée à la suite des rois absolus  Mais sous un gouvernement constitutionnel, elle ne peut plus exister, et sous quelque forme qu'elle veuille se présenter, elle doit être repoussée, comme contraire à nos lois et à nos institutions.

Un avoué ne peut jamais encourir la destitution, qu'après un jugement lors duquel il aura été entendu ; il n'est pas au pouvoir d'un ministre de prononcer la révocation par une simple ordonnance.

Il n'est pas inutile de remonter à l'institution

des avoués, et de chercher quel a été l'esprit des lois qui les ont créés. J'ai déjà dit que lorsqu'on a organisé le corps judiciaire, les places d'avoué ont été données par le gouvernement, à titre gratuit. S'il est dans l'essence du gouvernement de pouvoir retirer ce qu'il donne de son propre mouvement, cela n'est vrai que pour les emplois salariés par le gouvernement, et auxquels il nomme de sa pleine puissance et volonté. Il a bien donné les charges d'avoués parce qu'il ne pouvait les vendre, et qu'il fallait y pourvoir ; mais il ne pouvait nommer un individu sans le concours des tribunaux. Une fois l'institution donnée, la destitution ne pouvait être prononcée que de la même manière, c'est-à-dire avec le concours de ces mêmes tribunaux.

Les décrets de l'an 9 et de 1808, se sont fondus d'esprit avec la loi organique. On a parlé de destitution d'un titulaire d'une charge d'avoué, parce qu'on ne voyait dans cette charge qu'un titre gratuit. En effet, en destituant un avoué créé par la loi de l'an 8, on ne lui ôtait que le droit de postuler qu'il devait au gouvernement. La perte du titulaire n'était que dans la privation de son droit de représenter les parties devant le tribunal.

Aujourd'hui, et surtout depuis la loi de 1816, la position des titulaires est entièrement changée. Ce n'est pas un simple titre qu'ils tiennent du gouvernement, mais une véritable propriété qu'ils achètent, et dans le prix de laquelle ils mettent toujours leur fortune et celle de leurs femmes, et souvent celle des tiers.

On ne peut les dépouiller de cette propriété sans exercer vis-à-vis d'eux une véritable confiscation.

La destitution d'un avoué ne peut donc plus se faire aujourd'hui comme elle se faisait avant la loi de 1816; c'est-à-dire que quand il y a lieu à destitution, le titulaire qui va l'encourir doit conserver le droit de vendre sa charge.

Il faut bien remarquer ici 1° la nomination qui n'est autre chose que le droit d'exercer, et

qui est faite par le gouvernement; 2° la propriété que le titulaire tient de lui seul.

Quand il y a lieu à destitution, le gouvernement retire la nomination; mais s'il la retire
d'abord, la propriété tombe.

Que doit faire le gouvernement? Punir l'individu coupable, c'est-à-dire lui ôter le droit
d'exercer son état, mais en lui laissant préala-
blement la faculté d'en disposer. Autrement, le
gouvernement, qui est essentiellement conser-
vateur de la propriété, y porterait la plus grave
atteinte, et la loi de 1816, loin de donner la
sécurité qu'on a droit d'en attendre, ne serait
qu'un piége tendu à la crédulité et à la bonne
foi.

Sous un gouvernement despotique, tout est
permis; sous un gouvernement constitutionnel,
il faut observer les lois, et ne les jamais inter-
préter que d'après la justice et la raison.

## DES OFFICIERS DE L'ARMÉE.

La Charte dit, art. 69 : Les militaires en activité de service, les officiers et soldats en retraite, les veuves, les officiers et soldats pensionnés conserveront leurs grades, honneurs, et prérogatives.

Je me demande si cet article de la Charte peut prêter à plusieurs interprétations, et je vois que non.

Tout militaire doit conserver son grade.

Or, qu'est-ce que conserver son grade ?

Evidemment les prérogatives, honneurs et traitemens qui y sont attachés.

Mais il faut distinguer : les officiers en activité de service, antérieurement à la Charte, ont eu leur sort fixé par la Charte.

Rien n'a pu et ne peut les dépouiller d'un droit qui leur est acquis d'après la loi fondamentale de l'Etat.

Ainsi, un ministre n'a pas le droit de destituer, de son propre mouvement, un officier placé dans cette catégorie.

Il ne résulte pas néanmoins de là que le souverain à qui appartient la nomination de tous les grades, doive se servir d'un officier qui ne lui convient pas; il peut, ou le mettre en disponibilité, ou l'admettre à la retraite.

Le ministre ne peut que choisir entre ces deux cas. Si un officier ne lui convient pas, il le met en disponibilité; s'il veut le réformer, il faut qu'il agisse d'après les lois du 27 août 1814, et 1<sup>er</sup> août 1815.

Si l'officier ne remplit pas les conditions exigées par ces lois, pour avoir droit à une retraite, alors il est réformé purement et simplement; mais s'il se trouve dans les termes de la loi, la

retraite à laquelle il a droit ne peut lui être re-
fusée. Dans tous les cas , il faut que ses droits
soient examinés et jugés.

Si un ministre voulait de son propre mouvement, mettre en réforme, sans traitement, un
officier, il violerait la Charte et enfreindrait les
lois que je viens de citer.

Qu'on ne vienne pas dire qu'en conservant les
grades, la Charte n'a pas entendu ôter le droit
de destituer; qu'en conservant les grades, la
charte n'a pas entendu parler des traitemens.

Si, en conservant les grades, la charte eût
sous-entendu la faculté de les anéantir, par une
destitution de propre mouvement; si en conservant les grades, la Charte eût sous-entendu la
faculté de les priver de traitement, elle n'eût
contenu qu'une subtilité, et la garantie qu'elle
donnait à l'armée n'eût été qu'une vaine pro-
messe.

On ne pourrait, sans crime, supposer de
telles intentions à l'auteur de la Charte, ni cher-

cher de telles interprétations dans le pacte qui lie le peuple avec le souverain.

Un officier ne peut être déchu des droits que la loi lui donne, que quand il s'est mis en contravention avec la loi et qu'il a été jugé.

Il est des fautes qui doivent être punies par les supérieurs, même sans jugement; la discipline militaire l'exige. Le ministre de la guerre, comme chef de l'armée, a droit d'infliger des punitions; les lois militaires ont fixé son pouvoir à cet égard. Ce n'est pas ici le lieu d'examiner quand le chef peut user de son pouvoir, et quant il l'excède.

Un ministre doit toujours agir dans l'intérêt de l'état, et jamais dans son intérêt personnel, de quelque manière que cet intérêt ait été compromis. Dans ce dernier cas, il ne doit agir que comme particulier, et jamais avec le secours de l'autorité souveraine.

Si par exemple un officier a manqué à son de-

voir, à la discipline militaire, et que le ministre veuille agir contre lui d'après la hiérar-
chie militaire, il le peut, en ne dépassant pas
toutefois le pouvoir que les réglemens lui don-
nent.

Si la faute commise par l'officier est grave, il
faut le faire juger, et sévir ensuite contre lui,
selon la rigueur des lois.

Mais si un officier qui a subi une peine de
discipline, n'a depuis sa punition rien fait de
contraire aux lois de l'état, à l'honneur et à la
fidélité qu'il doit à son pays et à son prince, il
ne doit plus être inquiété. S'il était tombé dans
ces fautes, il le faudrait juger.

Que si depuis sa punition cet officier n'a rien
fait de contraire aux lois, et que seulement, par
rapport à lui, il ait été, du haut de la tribune,
adressé des reproches au ministre, l'officier ne
doit pas en souffrir.

Que si cet officier avait lui-même éclaté en

reproches, ou les avait à tort provoqués, il ne serait passible que des peines de discipline, comme ayant manqué à un supérieur.

Dans tous les cas, jamais un ministre ne doit user du pouvoir dans son intérêt privé; et en supposant qu'il pût destituer, de sa propre volonté, un individu revêtu d'un grade militaire, il ne devrait le faire que dans l'intérêt de l'Etat, et non pour sa propre satisfaction.

« Un des points les plus essentiels, et qui
» donne la mesure de la sagesse de ceux
» qui gouvernent, c'est le choix des mi-
» nistres. Mais quels sont les moyens de con-
» naître les ministres ? En voici un qui est
» infaillible. C'est de voir s'ils s'occupent plus
» de leur propre intérêt que de ceux de l'Etat.
» Un ministre doit être tout entier à la chose
» publique, et n'entretenir jamais le prince de
» ses affaires particulières. Certes, on n'accu-
» sera pas celui auquel j'emprunte ces expres-
» sions de gêner le pouvoir.» C'est Machiavel,
Traité du Prince, chap. 22.

*Que les ministres ne doivent pas faire de des-
titutions de leur propre mouvement.*

Dans tout État régi par des lois, le pouvoir
doit laisser aux lois leur action : prendre l'ini-
tiative sur la loi, prononcer à sa place, est non-
seulement une faute, mais un excès de pouvoir.

Dans un gouvernement absolu, le pouvoir
n'ayant pas de bornes, tout est permis aux dé-
positaires de l'autorité. Dans un gouvernement
constitutionnel, le pouvoir est réglé et ne peut
dépasser la ligne qui lui est tracée.

Les tribunaux sont institués pour appliquer
la loi. L'autorité souveraine ne doit jamais se
mettre à la place des tribunaux ; elle compro-
mettrait sa dignité si elle descendait jusqu'à infliger elle-même des peines aux particuliers.
S'il existe des coupables, qu'ils soient livrés à la
justice, elle sera rendue, et la société vengée ;
mais que ce soit l'intervention directe du prince,
la majesté du trône s'y oppose.

Le prince, eût-il le droit d'infliger des peines, devrait s'en abstenir, parce que le prince ne doit rechercher que l'amour du peuple, et qu'il ne doit rien faire qui puisse lui retirer la plus petite partie de cet amour. Il y a trois cents ans que le publiciste d'Italie disait : « Que le » prince a peu à craindre les conspirations, » lorsque son peuple lui est affectionné; mais » aussi qu'il ne lui reste aucune ressource si cet » appui vient à lui manquer : il disait que parmi » les états bien gouvernés la France tenait le » premier rang. Qui lui avait donné cette idée? » L'institution des parlemens. Les auteurs de » cette institution, dit-il, connaissant d'un côté » l'insolence et l'ambition des nobles, de l'autre » les excès auxquels le peuple peut se porter » contre eux, ont cherché à contenir les uns et » les autres, mais sans l'intervention du roi. » Les princes doivent apprendre par là à se ré- » server la distribution des grâces et des emplois, » à laisser aux magistrats le soin de décerner » les peines, et en général la disposition des » choses qui peuvent exciter le mécontente- » ment. »

Celui que la justice a frappé, quelle que soit la nature de sa faute, conserve toujours un sentiment de rancune. S'il est jugé par un tribunal, il ne peut accuser que la loi, et la loi est hors de ses atteintes ; mais si l'autorité a elle seule prononcé, si même les formes n'ont point été observées, l'autorité se fait un ennemi, et l'on ne doit jamais susciter d'ennemis à l'autorité ; c'est la compromettre.

Les pouvoirs ne doivent jamais être confondus. Le pouvoir judiciaire ne doit pas empiéter sur le pouvoir souverain, et celui-ci ne peut faire l'office de l'autre.

Là où les pouvoirs se confondent, le désordre arrive, et du désordre naît la dissolution.

« Le principe de la monarchie se corrompt » lorsque le prince change sa justice en sévérité.

» La monarchie se perd lorsqu'un prince » croit qu'il montre plus sa puissance en chan- » geant l'ordre des choses, qu'en le suivant ;

» lorsqu'il prive les corps de l'état de leurs pré-
» rogatives ; *lorsqu'il ôte les fonctions natu-*
» *relles des uns, pour les donner arbitraire-*
» *ment à d'autres.*

» La monarchie se perd, lorsqu'un prince,
» trompé par ses ministres, vient à croire que
» plus les sujets sont pauvres, plus les familles
» sont nombreuses; et que plus ils sont char-
» gés d'impôts, plus ils sont en état de les payer.

» Enfin la monarchie est absolument perdue
» quand elle est culbutée dans le despotisme.

» Mais, dira quelqu'un au sujet d'une mo-
» narchie dont le principe est près de s'écrou-
» ler, il vous est né un prince qui la rétablira
» dans tout son lustre. La nature a doué ce suc-
» cesseur de l'empire des vertus et des qualités
» qui feront vos délices ; il ne s'agit que d'en
» aider le développement. Hélas! peuples, je
» tremble encore que les espérances qu'on vous
» donne ne soient déçues. Des monstres flétri-
» ront, étoufferont cette belle fleur dans sa nais-

» sance ; leur souffle empoisonneur éteindra les
» heureuses facultés de cet héritier du trône,
» pour le gouverner à leur gré ; ils rempliront
» son âme d'erreurs, de préjugés et de supersti-
» tions ; ils lui inspireront, avec l'ignorance,
» leurs maximes pernicieuses ; ils infecteront ce
» tendre rejeton de l'esprit de domination qui
» les possède. »

*Voyez Dict. des sciences et Montesquieu.*

Heureusement que ces images effrayantes sont loin de nous, que nous ne craignons pas de tomber dans cet état de décadence ; nous en avons pour garant la justice et la sagesse du prince qui nous gouverne.

Mais il ne faut pas que les ministres se mettent au-dessus des lois, parce que les rois eux-mêmes y sont soumis. Louis XIV a dit quelque part, ou l'on a dit en son nom, que les rois ont cette bienheureuse impuissance, de ne pouvoir rien faire contre les lois de leur pays, et Louis XIV était un roi absolu.

Je ne cherche plus maintenant si les ministres ont ou non le droit de faire des destitutions, mais je cherche s'il peut en résulter un bien pour l'état.

Un ministre ne doit agir que dans les intérêts de l'état ; tous ses actes doivent tendre à ce but unique.

Mais un ministre peut se tromper, *errare humanum est* ; s'il se trompe il faut le prévenir, c'est le devoir de tout bon citoyen.

Je dis donc qu'un ministre, qui, de son propre mouvement, prononce une destitution, se trompe s'il croit servir l'état.

En destituant sans jugement préalable un officier de l'armée, il jette le découragement dans tout le corps. Il n'est pas un officier qui soit à l'abri d'un coup d'autorité ; car tel qui se croit sûr aujourd'hui, aura des craintes demain. Une telle mesure ferait que les officiers de l'armée seraient, comme les employés d'un ministère, sous la dépendance absolue de chaque ministre, qui pourrait à son gré les conserver ou les renvoyer.

La planche une fois faite pourrait être suivie; mais cette planche il ne faut pas la faire, parce qu'il n'en peut résulter aucun bien, et qu'il peut en résulter beaucoup de mal.

Sans doute que l'officier destitué éprouve un grand préjudice, il perd son état, et souvent toutes ses ressources.

Mais où la destitution ferait d'effrayans ravages, c'est dans les autres corps où l'on voudrait l'introduire.

S'il était admis en principe, que le ministre pût destituer de son propre mouvement les titulaires des fonctions privées, qui sont à la nomination du gouvernement, une portion considérable de la nation française se trouverait menacée.

Il n'y a guère moins en France de vingt-cinq

mille individus possesseurs de charges privées ; le prix de ces charges, pris l'un dans l'autre, ne présente pas moins qu'un capital de cinq cent millions.

Si le ministre avait le droit de destituer, il pourrait, d'un trait de plume, arracher aux citoyens une fortune de cinq cents millions.

Il pourrait réduire à la mendicité vingt-cinq mille pères de famille.

Il réduirait à la mendicité leurs femmes, leurs enfans, leurs familles, et même des tiers.

Il mettrait au désespoir leurs parens, leurs alliés, leurs amis ; il jetterait l'alarme chez plus d'un million de citoyens.

Que l'on joigne à cela les jeunes gens qui se destinent à ces professions, et leurs familles qui ont fait le sacrifice de leur éducation, et l'on pourra se faire une idée de l'étonnant bouleversement qu'une telle mesure pourrait occasionner.

Lorsque la loi inflige une peine, ce n'est pas tant le coupable qu'elle entend punir, que l'exemple qu'elle veut donner. Il faut effrayer les grands criminels par de grands supplices, et graduer ensuite les punitions selon les fautes. Si l'action de la loi se bornait à saisir le coupable, elle ne remplirait pas son but. il ne s'agit pas seulement de punir un individu isolé, il faut que la société sache que tel crime a été puni, et que rien ne peut échapper à la vigilence de l'autorité. C'est pour donner l'exemple que l'assassin subit sa peine sur les places publiques, les jours de marchés ; c'est pour l'exemple que le faussaire, l'homme flétri, est exposé aux regards de la multitude; pour les peines moindres, les simples peines, l'affiche du jugement n'a d'autre but.

Que peut attendre un ministre de la destitution d'un seul citoyen ? Si la peine doit se concentrer dans la personne de l'individu destitué, c'est une mesure inutile pour l'intérêt public, la société n'y gagne rien, et le seul but que l'on puisse se proposer est manqué.

Si au contraire on veut faire un exemple, cet exemple sera-t-il fructueux, produira-t-il de bon effets? Je ne le crois pas; ce n'est pas par des mesures rigoureuses que l'on calme les esprits, que l'on éteint les passions.

En général, les mesures rigoureuses répugnent toujours; on ne doit jamais les employer que lorsque les circonstances.l'exigent impérieusement. Un gouvernement surtout doit en être très-avare, parce qu'elles ne peuvent que lui aliéner les esprits. En employant des mesures de rigueur, un gouvernement agit donc dans le sens inverse de son élément, qui doit être essentiellement harmonique, et ne tendre qu'à resserrer les nœuds qui unissent le peuple et le prince.

Les voies rigoureuses ne seraient excusables que dans un danger imminent, encore faudrait-il qu'elles ne s'adressassent qu'à des individus isolés. Si elles s'adressaient aux masses, elles produiraient toujours l'effet contraire de celui que l'on en attendrait, parce qu'on ne résiste pas aux masses ; c'est un torrent qu'il faut suivre malgré soi.

La destitution d'un officier ministériel par une ordonnance, est un acte rigoureux, contraire à la dignité du gouvernement, plus nuisible qu'utile au bien de l'État.

Que le ministre qui prononce une destitution veuille, ou non, donner un exemple, cet exemple existe, il frappe tous les esprits. Que faut-il en attendre, une harmonie plus grande, une union plus parfaite, une adhésion plus intime aux volontés émanées du pouvoir ? Non, on n'aime pas ce que l'on craint.

Entendons-nous bien : on s'obstine à faire en France deux partis, les royalistes et les libéraux ; j'avoue que je n'ai jamais pu me rendre compte de cette ridicule division. J'entends par royaliste, celui qui veut le roi et la charte, et par libéral, celui qui veut la charte et le roi ; je ne vois ici aucune différence ; les uns disent le roi, les autres la Charte , et là-dessus on se dispute ,

on se fâche, mais tout cela est parfaitement sy-
nonyme; car qui dit le roi, dit la charte, et qui
dit la charte, dit le roi. Pourrait-on croire, par
exemple, que celui qui crie vive la charte seulement, ne veut pas du roi? Mais sans le roi,
la charte serait inutile, et l'on ne peut la vouloir, sans vouloir le roi.

Je ne verrais de coupable que celui qui voudrait détruire la charte; il serait traître aux lois
de son pays et à sa patrie; mais celui-là ne serait plus Français.

Si, ce que je ne présume pas, le ministre faisait cette distinction, croirait-il rallier toutes
les opinions en sévissant contre certaines *classes*
de la société? Le moyen serait mal choisi.

Qu'arrive-t-il lorsque l'autorité blesse un citoyen dans ses intérêts? c'est que tous ceux qui
sont dans la même catégorie sont frappés de
terreur; oui de terreur, c'est le mot. Le coup
étourdit d'abord, ensuite viennent les réflexions,
et ces réflexions ne sont jamais à l'avantage de
celui qui les a fait naître.

Croit-on par exemple que la destitution d'un individu, puisse rallier autour du ministère tous ceux qui exercent la même profession ou des professions analogues ? Ce serait une erreur très-grande ; la destitution une fois admise, tous les individus peuvent en être frappés, chacun craint pour soi , quelle que soit son innocence. Il faut dire avec franchise qu'il n'est pas un seul de ces individus qui, dans une telle position, ne désire le changement d'un régime qui peut l'atteindre d'un instant à l'autre. Eh ! qui pourrait se croire à l'abri de l'orage ? qui serait assez présomptueux pour attendre qu'on dise de lui :

« Nous ne saurions soupçonner celui à qui il a » manqué un accusateur , lorsqu'il ne lui » manquait pas un ennemi ? »

Ne se trouverait-il pas un accusateur pour perdre l'homme le plus innocent, le plus attaché à son pays, à sa constitution , à ses lois, à son prince ? Ne se trouverait-il pas des gens, dont le métier est la délation, être dégradés et indignes de vivre parmi des citoyens ; mais qui, ne rougissant pas de se livrer à cet infâme métier, ne craindraient pas d'accuser l'innocence ?

Les tigres du désert sont moins dangereux que les délateurs, car les tigres ne vous arrachent que la vie, et les espions vous ôtent l'honneur.

Que doit-on attendre de cet être immoral, la vérité? eh! bon dieu, comment la vérité pourrait-elle sortir d'une bouche impure, dont le souffle est un poison, et qui ne vit que du sang des victimes qu'elle peut faire.

L'espion est l'être le plus ignoble que la nature ait créé; mais non, la nature ne l'a pas créé; elle reculerait d'horreur devant son ouvrage! c'est un monstre vomi par les enfers.

«Aussi, dit l'illustre auteur de l'esprit des lois,
» l'espionage n'est pas la pratique des bons
» princes. Quand un homme est fidèle aux lois,
» il a satisfait à ce qu'il doit au prince; il faut
» au moins qu'il ait sa maison pour asile, et le
» reste de sa conduite en sûreté; l'espionage se-
» rait peut-être tolérable, s'il pouvait être exer-
» cé par d'honnêtes gens; mais l'infamie néces-
» saire de la personne peut faire juger de l'in-
» famie de la chose. Un prince doit agir avec
» ses sujets avec candeur, avec franchise, avec

» confiance ; celui qui a tant d'inquiétudes, de
» soupçons, de craintes, est un acteur qui est
» embarrassé de son rôle, etc. »

Si un citoyen ne peut être positivement à l'abri d'une accusation calomnieuse, un ministre peut être trompé, et s'il faut punir un innocent parmi des coupables, il vaut mieux renoncer à punir.

Mais encore, les professions privées doivent être indépendantes. Un avoué, par exemple, doit souvent défendre le faible contre le fort; un simple particulier contre un grand fonctionnaire. L'on ne peut répondre d'avoir toujours pour dépositaire du pouvoir des hommes intègres et exempts de faiblesses. Or, si les avoués étaient à la discrétion des agens du pouvoir, et que, dans ses agens, il se trouvât des hommes qui méconnussent leur devoir, il s'en suivrait que les avoués trahiraient les leurs, pour conserver leur titre, ou qu'ils sacrifieraient leur intérêt et leur existence à leur devoir; cruelle alternative qui ne présente que le déshonneur et l'indigence.

Mais, dira-t-on, il ne peut jamais se trou-
ver dans les agens du pouvoir, un homme qui
abuse de son autorité ; le prince ne peut si
mal placer sa confiance. Sans doute la chose est
difficile, mais elle n'est pas impossible ; il suffit
qu'elle puisse arriver pour que l'on s'en garde.
Ah! si le Roi savait! Cette exclamation est de
tous les temps.

Le nom du prince ne doit jamais être connu
que pour des actes de clémence et de grâce ; c'est
le seul moyen de lui gagner les cœurs. Faire de
son nom, de son autorité, un instrument de
punition, c'est agir en sens contraire et adopter
une fausse politique.

Si le prince a le droit de punir, n'en usez
pas, laissez-en le soin aux autorités instituées
pour cet objet. Vous y gagnerez deux choses ;
la première, c'est qu'on ne mêlera pas le nom
du prince dans les plaintes qui sont toujours la
suite d'une mesure rigoureuse ; la seconde, c'est
que vous assurerez la tranquilité des citoyens,
en les laissant à leurs juges naturels ; l'autorité

locale ne peut sortir de sa sphère. Mais si un seul homme use du pouvoir, tous les esprits sont ébranlés, car ce seul homme peut agir sur tous.

Je n'ai point ici entendu accuser le gouvernement, ni le ministère; le seul but que je me sois proposé, a été de démontrer que nos lois s'opposent à une destitution de propre mouvement; que dans tous les cas, le gouvernement doit s'abstenir d'en faire. J'ai parlé d'après ma conscience et ma propre conviction. Je crois n'avoir rempli que le devoir d'un bon citoyen. Je voudrais voir mon pays tranquillle, exempt de toutes les oscillations qui l'agitent depuis si long-temps. Je voudrais voir la grande famille réunie de vœux et d'intentions.

IMPRIMERIE DE CONSTANT-CHANTPIE,
RUE SAINTE-ANNE, n°. 20.